As-tu vu?

Les Volcans

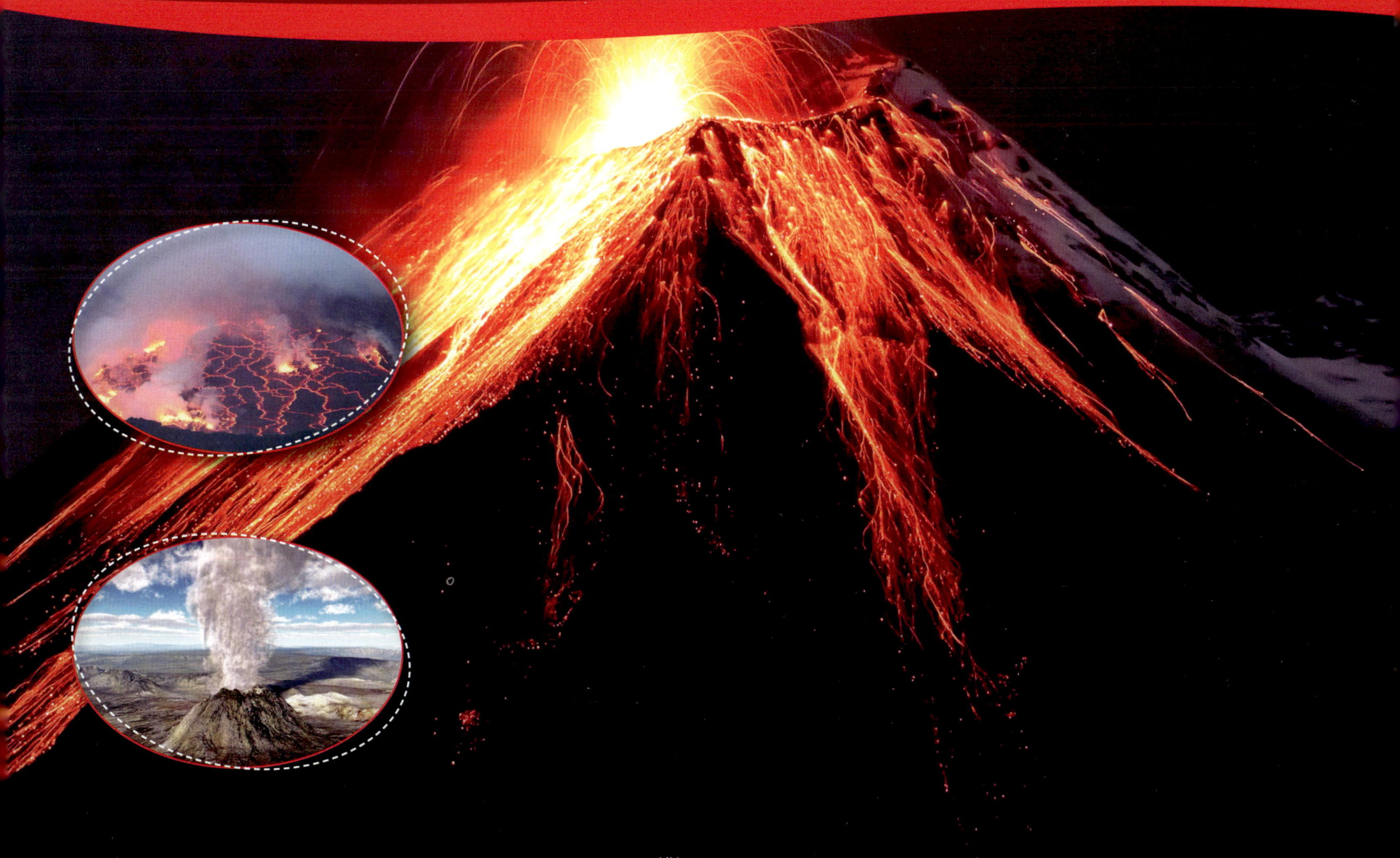

éditions les malins

Le volcan

Un volcan est une montagne en forme de cône se terminant par un cratère d'où jaillit de la lave. Il y a plus de 1 500 volcans actifs sur Terre.

1 500, c'est également le nombre total de pandas vivant sur Terre…

La croûte terrestre

La croûte terrestre est séparée en plusieurs gros morceaux, qu'on appelle plaques tectoniques.

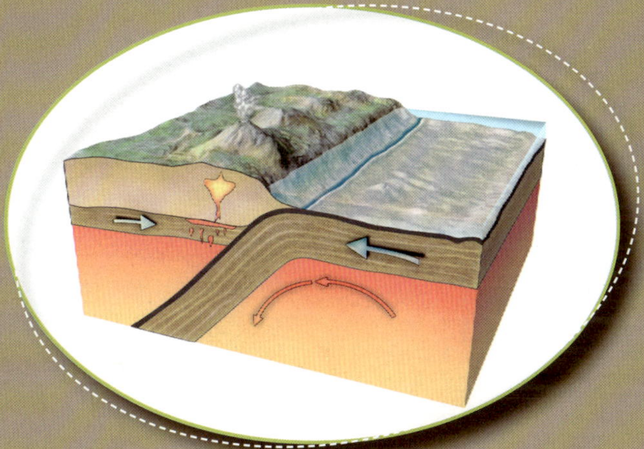

Imagine-toi un gros casse-tête dont chacune des pièces serait une plaque tectonique!

Les plaques tectoniques

La majorité des volcans se sont formés le long de ces plaques.

Il y a trois milliards d'années, il n'y avait qu'un seul continent, mais en raison des mouvements des plaques tectoniques, les continents que nous connaissons aujourd'hui ressemblent à des morceaux de casse-tête !

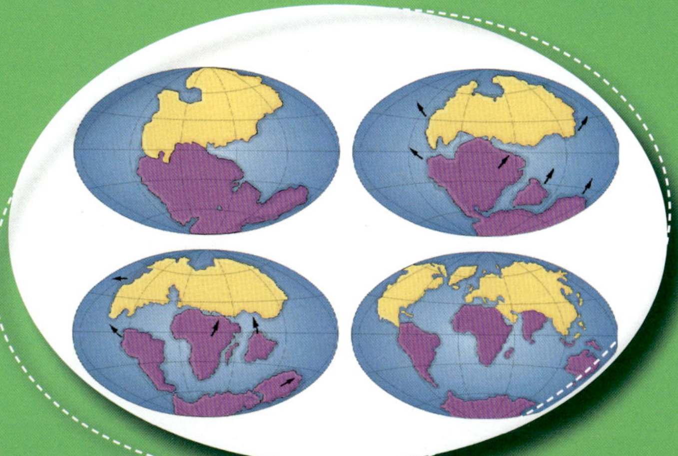

L'éruption

Lorsqu'un volcan est actif, il peut entrer en éruption. Différents types de fragments peuvent alors être expulsés de son réservoir de magma.

C'est un peu comme lorsqu'on ouvre une bouteille de boisson gazeuse après l'avoir trop brassée.

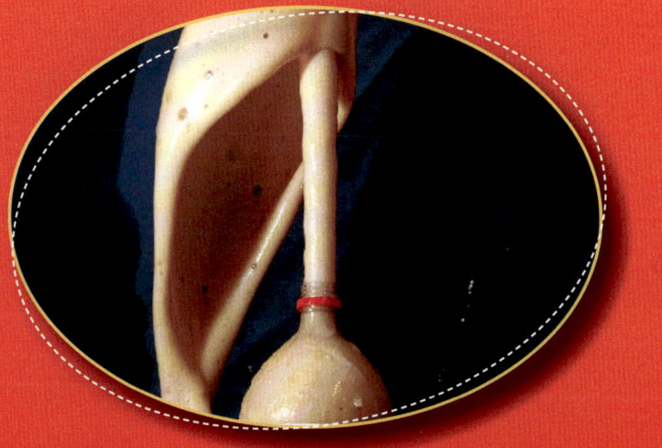

Le magma

Une éruption volcanique se produit à la suite de l'accumulation de magma dans le sol. Cette éruption permet de libérer une partie de la pression.

Savais-tu qu'on appelle le liquide rocheux « magma » lorsqu'il se trouve à l'intérieur du volcan, mais « lave » lorsqu'il en sort ?

L'activité volcanique

L’activité d’un volcan, c’est la fréquence à laquelle un volcan entre en éruption.

Le volcan Kilauea, à Hawaï, qui est en constante éruption, est le plus actif sur Terre.

Le magma

Pendant une éruption volcanique, le magma qui sort du cratère peut être projeté jusqu'à 10 km vers le haut !

C'est à peu près à cette altitude que les avions de ligne transportent leurs passagers.

Le centre du volcan

Au centre d'un volcan se trouve un tuyau naturel par lequel s'échappe de la lave lors d'une éruption.

Ce tuyau se nomme cheminée volcanique, et il joue le même rôle qu'une cheminée dans une maison.

Les chiffres

Chaque année, de 50 à 70 volcans entrent en éruption.

L'année 2013 a été historique à cet égard : pas moins de 83 volcans sont entrés en éruption !

La température

La température de la lave varie de 700 à 1 200 °C.

C'est dix fois plus chaud que de l'eau bouillante. Tu ne pourrais même pas prendre sa température avec un thermomètre en verre, puisqu'il fondrait !

Le volcan le plus haut

Le volcan le plus haut sur Terre est le Nevado Ojos del Salado, qui s'élève à 6 893 mètres d'altitude !

Ce volcan est huit fois plus haut que le gratte-ciel le plus élevé de la planète, situé à Dubaï.

Les volcans sous-marins

Il y a aussi des volcans sous l'eau ! Le massif Tamu est le plus grand volcan sous-marin et il se trouve dans l'océan Pacifique.

D'ailleurs, savais-tu que les îles d'Hawaï sont d'anciens volcans sous-marins ?

L’espace

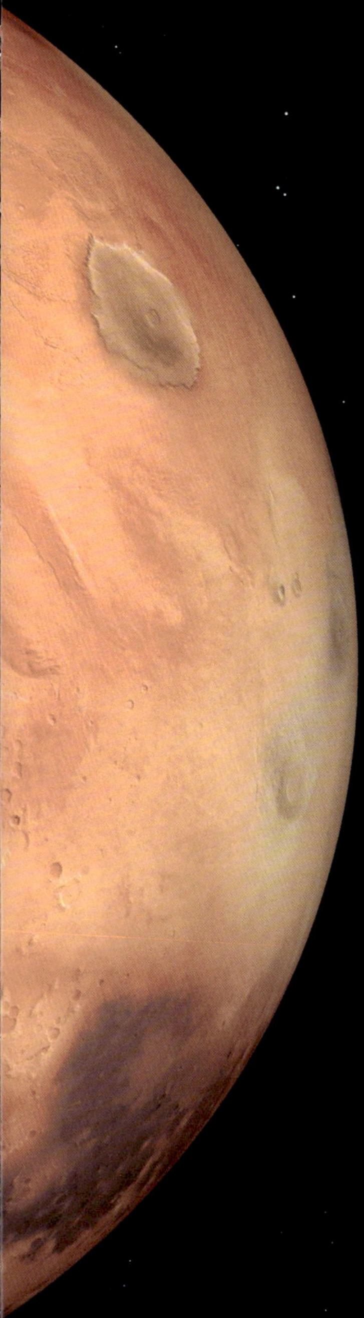

Les volcans n'existent pas que sur notre planète ! Le plus haut volcan du système solaire se trouve sur Mars. Il se nomme Olympus Mons et culmine à 22,5 kilomètres.

C'est environ trois fois la hauteur de l'Everest !

Le volcanologue

Un volcanologue est le spécialiste des volcans. C'est lui qui tente d'en découvrir davantage sur l'histoire volcanologique.

Certains volcanologues croient qu'une éruption volcanique pourrait avoir causé la disparition des dinosaures.

Le bruit

Le volcan Krakatoa qui est entré en éruption en 1883, a produit le bruit le plus intense jamais entendu.

Cette éruption a libéré une énergie équivalant à celle émise par 15 000 bombes nucléaires !

Gouvernement du Québec – Programme de crédit d'impôt
pour l'édition de livres – Gestion Sodec

info@lesmalins.ca

Éditeur : Marc-André Audet
Éditrice au contenu : Katherine Mossalim
Textes : Gabrielle Audet-Michaud
Recherche d'images : Jessica Lupien
Correcteurs : Julie Robert, Diane Genet, Fanny Fennec
Conception graphique et montage : Shirley de Susini
Crédits photo : Shutterstock.com

Dépôt légal – Bibliothèque et Archives nationales du Québec, 2015
Dépôt légal – Bibliothèque et Archives Canada, 2015

ISBN: 978-2-89657-292-2

Imprimé au Canada.

Nous reconnaissons l'aide financière du gouvernement du Canada
par l'entreprise du Fonds du livre du Canada pour nos activités d'édition.

Les éditions les Malins inc.
Montréal, Québec